LE ROBESPIERRE

DE

M. DE LAMARTINE.

— Corbeil, imprimerie de Crété. —

LE

ROBESPIERRE

DE

M. DE LAMARTINE

LETTRE D'UN SEPTUAGÉNAIRE

A L'AUTEUR DE L'HISTOIRE DES GIRONDINS.

PAR FABIEN PILLET.

PARIS

JULES RENOUARD ET Cie,

Libraires-Éditeurs et Commissionnaires pour l'Étranger,

RUE DE TOURNON, 6.

1848

LE ROBESPIERRE

DE

M. DE LAMARTINE.

LETTRE D'UN SEPTUAGÉNAIRE

A L'AUTEUR DE L'HISTOIRE DES GIRONDINS.

Monsieur,

N'interprétez pas en mal, je vous prie, les observations que je me permets de faire sur les tendances politiques de votre *histoire des Girondins*. J'admire, comme tous vos lecteurs, le style séduisant de cet ouvrage, les beautés dramatiques et pittoresques de vos narrations. — Personne plus que moi ne s'intéresse à la pureté de votre gloire; mais c'est en raison même de cet intérêt que votre opinion sur les hommes de 1793 me cause une profonde affliction. Vous, M. de Lamartine, vous, sur qui la noblesse de votre naissance et de vos sentimens aurait attiré, dans ce temps de malheur, le sort des André Chénier et des Malesherbes, vous n'avez pas pour leurs assassins

« . . . . Ces haines vigoureuses
« Que doit donner le *crime* aux âmes généreuses!!! »

Que dis-je, vous parlez de Robespierre comme d'un grand citoyen, d'un homme à principes sûrs, qui a péri victime de son ardent amour pour la liberté. Quel appui la vertu pourra-t-elle désormais attendre des gens de bien, si, avec tout le prestige de votre talent, vous louez les hommes qui l'ont le plus persécutée! J'en suis encore à me demander comment votre noble et belle imagination a pu vous entraîner si loin de la vérité historique. Je me demande comment un poëte chrétien, dont les hymnes sacrés sont l'objet d'une admiration générale, trouve moyen de concilier l'éloge de la politique révolutionnaire, avec ces paroles de l'Évangile : « Quiconque versera le sang humain sera puni par l'effusion de son propre sang. « (*Quicumque effuderit humanum sanguinem, fundetur sanguis illius*). Je sais que des auteurs d'un très grand mérite n'ont pas dédaigné la ressource piquante et originale du paradoxe, pour faire briller leur esprit aux dépens de leur conviction, mais je crois assez bien connaître votre probité littéraire, pour ne pas attribuer à un capricieux désir de singularité ce qu'il y a de contraire aux opinions reçues dans votre Histoire des Girondins : et, prenant au sérieux votre apologie de Robespierre, j'y opposerai, avec toute la déférence qui vous est due, quelques raisonnemens tirés des témoignages les plus authentiques.

D'après quels faits, d'après quels indices jugez-vous, Monsieur, que Robespierre fût un homme de bonne foi, ferme et constant dans ses principes?

Est-ce parce qu'après avoir fait en 1788, un éloge pompeux de Louis XVI, il vota, au bout de 5 ans, la mort de ce malheureux roi?

Est-ce parce qu'il affecta un farouche républicanisme en 1793, après avoir déclaré hautement, en 1789, que la monarchie était le seul gouvernement dont la France pût s'accommoder, et avoir parlé avec dérision, chez madame Roland, du projet de fonder une république? (*Histoire des Girondins*, tome II, page 38).

Est-ce parce qu'aux premiers jours de la révolution il réclama avec chaleur l'abolition de la peine de mort, et que, dans l'intervalle de 1792 à 1794, il fit égorger des milliers de Français par ses tribunaux révolutionnaires, dont tous les juges lui étaient dévoués?

Est-ce parce qu'après avoir soutenu, avec raison, l'inviolabilité des députés, il contribua si puissamment ensuite à l'assassinat juridique de ses collègues?

Vous le croyez *ami de la liberté*, mais, après s'être paré de ce beau titre, n'a-t-il pas organisé en France une oppression tellement générale, qu'à aucune époque de l'histoire on n'en avait connu d'aussi odieuse? Les Français, Monsieur, furent-ils jamais moins libres d'écrire, de parler, de penser, que dans ce temps de terreur, où il suffisait de paraître suspect pour être livré aux mains du bourreau, et où le silence le plus circonspect était un sujet de soupçon? Il aimait, dites-vous, la liberté, et 44 000 maisons d'arrêt ne suffisaient pas pour contenir le nombre des détenus:

et ces malheureux ne sortaient de prison que pour être mitraillés à Lyon, noyés à Nantes, septembrisés à Paris, ou livrés par milliers à la justice expéditive d'un Fouquier Thinville.

Et ne croyez pas que Robespierre épargnât plus la moyenne classe de la société que celle des nobles et des riches. Jugez-en par ce qu'il écrivait : « Les dangers intérieurs viennent des « *bourgeois*. Pour *vaincre les bourgeois*, il faut ral-« lier le peuple et lui délivrer des armes..... il « faut une indemnité journalière aux *sans-cu-« lottes*, il faut leur *donner des piques*; il faut « proscrire les *écrivains perfides*, il faut propager « les *bons écrits*. » Or, ces *bourgeois si dangereux*, c'était la garde nationale qui, en effet, ne tarda pas à être désorganisée; ces *écrivains perfides*, c'était le petit nombre de ceux qui ne déguisaient pas assez prudemment leur modération : ces *bons écrits*, c'était le *Père Duchesne*, l'*Orateur du peuple*, l'*Ami du peuple*, et les pamphlets hebdomadaires de Camille Desmoulins, qui s'intitulait alors *procureur général de la lanterne*. Notez que tous les auteurs de ces publications demandaient à l'envi des têtes, accusaient la guillotine de lenteur, et plaisantaient, avec une gaieté charmante, sur les malheureuses victimes qui, suivant le langage du temps, allaient *éternuer dans le sac*, ou *passer leur cou par la petite fenêtre*. L'heureux pays que celui où l'on organisait ainsi l'instruction publique ! et combien nos bourgeois de Paris doivent désirer le retour d'un si admirable gouvernement !

Quelques historiens, hommes de parti, ont loué, je le sais, l'incorruptibilité de Robespierre; mais l'ambition poussée à l'excès n'absorbe-t-elle pas beaucoup d'autres passions ?

« Les tyrans ont toujours quelqu'ombre de vertu, »

dit Voltaire. On peut, avec un cœur dur et sec, un caractère féroce et des sentimens bas, avoir, par ambition, par orgueil ou par crainte, cette affectation de puritanisme qui impose toujours au vulgaire. C'est ce qui, pendant près de trois ans, a valu au plus astucieux des hommes les faveurs d'un peuple ignorant ; mais était-il vraiment *incorruptible*, cet ami si zélé de la morale ? ne fut-il pas toujours *corrompu* par une soif inextinguible de popularité et de domination à tout prix ? Où trouverez-vous plus de *corruption* réelle que dans l'âme de celui qui, à la jalousie la plus basse et la plus implacable, joignait une infernale hypocrisie. Cupide, vénal et débauché, il eût fait moins de mal à la France.

Je ne dois pas, au surplus, passer sous silence le tableau que vous nous faites de la maison particulière, où Robespierre vivait avec une admirable simplicité de mœurs. Jamais votre imagination ne s'était montrée plus poétique ni plus créatrice, que dans cette peinture d'un intérieur où régnaient toutes les vertus de l'âge d'or. Les *chastes amours* de Robespierre pour la fille aînée de cette maison, les habitudes patriarcales de la famille, l'innocent plaisir qu'elle prenait à entendre Maximilien lui lire les vers du tendre Racine, inspirent le plus doux intérêt. Mais est-ce bien ainsi, Monsieur, qu'il est permis d'écrire l'histoire, et l'histoire contemporaine? L'excellent père de famille dont vous parlez en termes si touchans, ce brave artisan, qui aurait dû rester menuisier, n'était rien moins que membre de ce tribunal révolutionnaire dont vous avez vous-même, et si éloquemment, condamné la servile barbarie. Sa femme, fanatisée par Robespierre, figurait chaque jour dans les tribunes de la Convention ou des Jacobins, qui n'étaient assurément pas une école de douce philosophie. Enfin, personne n'ignore que cette infortunée se pendit dans la prison où la révolution du 9 thermidor l'avait fait entrer. Aurait-elle fait une fin si cruelle, si elle avait eu les vertus de ménage, les qualités pures et modestes que votre galante imagination se plaît à lui prêter? Vous dites, je ne sais d'après quels renseignemens, qu'elle fut mise à mort par des femmes furieuses; mais vous n'apportez aucune preuve à l'appui de cette assertion, contraire à toutes les relations publiées en 1794. Il est juste, au surplus, de dire que la *jeune famille* du menuisier était de bonne foi dans son enthousiasme pour Robespierre; et qu'une fois revenue de ses illusions, elle ne tarda pas à se faire estimer des gens de bien par la douceur de ses mœurs et de son caractère. J'aime à reconnaître cette vérité!

Quelques sophistes du temps présent affectent de dire que le système de Robespierre (car on lui prête toujours un système) était généralement incompris, et que le succès n'en pouvait être trop chèrement acheté. Quoi! une nation aussi intelligente que la nôtre n'aurait pas compris ce système, s'il avait été aussi franc et aussi net qu'il était enveloppé de ténèbres? Cette supposition n'est pas soutenable. De quel droit, d'ailleurs, un simple individu, parce qu'il a rêvé de folles utopies, se permet-il de sacrifier, à leur réussite plus que douteuse, la liberté et le sang de toute une nation? Ce n'est plus une question de savoir si, après les affreuses journées du 21 juin, du 10 août, et surtout après les massacres de septembre, la nation avait pu exprimer librement son vœu pour ou contre le choix du gouvernement. Il est trop prouvé que la République fut imposée de force aux Français, par les deux ou trois cents vociférateurs de la commune, et par la horde marseillaise qui faisait trembler la population parisienne. Les Jacobins, et Robespierre particulièrement, sentaient si bien que l'opinion publique ne marchait pas avec eux, qu'ils se hâtèrent d'employer la terreur et la violence pour soumettre la volonté nationale à celle d'une audacieuse minorité. Empressés d'immoler Louis XVI, ne refusèrent-ils pas à ce monarque la faculté d'en appeler au peuple, qui leur aurait ravi cette auguste proie? A peine leur Constitution républicaine fut-elle décrétée par les hommes du 10 août, du 2 septembre, et du 31 mai, qu'ils se hâtèrent de l'ajourner indéfiniment, pour y substituer les monstruosités de leur gouvernement révolutionnaire, tant ils se défiaient d'un ordre légal qui aurait garanti aux citoyens quelque liberté d'opinions. Est-ce donc ainsi qu'agissent de vrais législateurs, quand ils ont réellement la conscience de leur droit et de leur justice?

Plus le député d'Arras avançait dans la voie sanglante où il s'était engagé, plus il devait sentir que les neuf-dixièmes de la nation lui étaient hostiles, et finiraient par le renverser. La persévérance dont on le loue ne peut donc être considérée que comme la plus absurde, la plus imprudente et la plus criminelle opiniâtreté.

On a osé dire, et vous avez pu le croire, que cet ambitieux avait de grandes vues; on a voulu faire de lui un profond politique, un homme d'État éminent. Rien de plus faux que ces suppositions.

D'abord, un homme d'État éminent ne doit pas manquer de courage; or Robespierre se cacha ignominieusement dans toutes les circonstances périlleuses, au 10 août, au Champ-de-Mars, au 31 mai. Dans la séance même du 9 thermidor, il eut la lâcheté de s'humilier devant les débris de la Gironde, dont il avait fait périr les chefs et qui le repoussèrent avec mépris.

Quant à ses grandes vu... politiques, a-t-on jamais pu les deviner ? Quel était son but, s'il en avait un ? Voulait-il régner, comme Cromwell, sous le titre de *Protecteur*, ou devait-il, comme Sylla, abdiquer le pouvoir absolu, après en avoir tant abusé ? Il est plus naturel de croire qu'une fois entré dans la carrière du crime, il y vécut au jour le jour, craignant de tomber s'il reculait, et n'ayant nulle idée de son avenir. Dans tous les cas il eut le tort de ne pas réussir, tort d'autant plus grand qu'aucun crime ne lui avait coûté pour abattre ses adversaires, et qu'avec moins de lâcheté, je le répète, il aurait pu du moins prolonger de quelques mois son affreuse domination. Dans la nuit du 9 au 10 thermidor, s'il avait eu une lueur de courage, c'en était fait de la Convention.

On dit aussi que Robespierre n'eut pas à se reprocher les massacres de septembre ; mais si, pour ne pas se compromettre, il n'y prit point une part directe, il est avéré que les organisateurs des massacres étaient ses créatures les plus affidées. Ne sait-on pas que, forcé de s'expliquer à la tribune sur ces horribles exécutions, il essaya de les justifier? Tout en convenant qu'elles avaient été illégales, il prétendit que la légalité eût été impuissante pour *satisfaire à la justice populaire;* il fit plus : il osa déclarer que les larmes répandues sur les victimes lui étaient *suspectes;* et l'on sait la valeur sinistre que ce mot avait dans sa bouche !

Avait-il l'esprit élevé, avait-il de la grandeur d'âme, ce tribun devenu tyran, dont on n'a jamais pu citer une action noble et généreuse, et dont le cœur de bronze fut de tout temps inaccessible à la pitié? La fausse exagération de son patriotisme lui avait fait de zélés sectateurs et de véritables séides; quels sont ceux de ses amis qu'il n'ait pas indignement trompés, et dont il ne se soit pas défait par la guillotine? N'était-il pas prêt à les sacrifier dès qu'il n'avait plus besoin de leurs services, ou que leur popularité menaçait d'égaler la sienne? Couthon et Saint-Just le servaient encore au moment de sa chute; plus tard, s'il n'était pas tombé, il leur eût fait subir le sort de Danton. On sait, et c'est vous qui nous l'avez appris, que madame Roland, avec laquelle il *avait conspiré,* et *qui l'avait réchauffé dans son sein* (ce sont vos propres paroles) périt victime de son ingratitude. N'est-il pas avéré qu'après avoir passé une soirée chez mademoiselle Saint-Amarante, dont les charmes l'avaient séduit, il craignit, le lendemain, de s'être laissé aller à de fâcheuses indiscrétions, et se hâta de traduire au tribunal révolutionnaire non-seulement cette jeune et belle femme, mais encore toutes les personnes qu'il avait trouvées chez elle. La mère, la fille, le mari montèrent ensemble sur la fatale charrette.

Et ce malheureux Chapellier, de l'Assemblée constituante, qui, du fond de sa retraite isolée, écrivit confidentiellement à Robespierre son ancien collègue, pour lui faire connaître sa triste situation et lui demander des conseils, quelle réponse en reçut-il le lendemain? un mandat d'arrêt et la mort! Si je rappelle ici ce fait, entre beaucoup d'autres du même genre, c'est que j'en ai eu, dans le temps, une connaissance toute particulière (1).

La jalouse fureur de Robespierre respectait-

(1) Par le sieur Leblanc, fidèle domestique de Chapellier, et porteur du message confidentiel.

elle du moins les guerriers qui, dans vingt combats, avaient versé leur sang pour la défense du territoire? Ce fut lui, ce fut le Comité de salut public, dont il était le maître, qui fit condamner à mort le brave Dillon, vainqueur des Prussiens dans les plaines de la Champagne; Biron, qui, sous le titre de duc de Lauzun, avait donné tant de preuves de sa bravoure chevaleresque dans la guerre d'Amérique; Custines, qui avait remporté de si grands avantages sur les puissances alliées; Houchard, le vainqueur de Houdscoot; Luckner, à qui l'on ne pouvait reprocher que de n'avoir plus, à 72 ans, toute l'activité de son jeune âge; Westermann, dont le courage impétueux et barbare servit si bien dans la Vendée la cause révolutionnaire; et une foule d'autres guerriers, dont le plus grand tort était d'avoir consacré leur épée à la défense d'un affreux régime. Hoche lui-même, ce digne émule de Bonaparte, notre illustre général Foy, alors simple capitaine, et le vieux maréchal de Rochambeau, qui avait si vaillamment contribué à l'indépendance des Américains, n'allaient-ils pas porter leur tête sur l'échafaud, quand le 9 thermidor délivra la France? Jugez combien nos braves armées doivent faire de vœux pour le retour d'une république si juste et si reconnaissante! Enfin la proscription qui, suivant l'expression de Rivarol, avait mis la Convention en coupe réglée, qui avait moissonné les nobles, les riches et les plus simples bourgeois, ne tarda pas à descendre jusqu'à la classe des paysans et des ouvriers, et, comme le dit un de nos poëtes :

« Le pauvre eut ses tyrans ; le pâtre, ses bourreaux. »

On a voulu excuser ces rigueurs inouïes par les exigences du salut public : je n'admets pas cette raison cruelle, qui est celle de tous les tyrans ; mais supposons un moment que le gouvernement révolutionnaire eût eu besoin de sacrifier tous les individus dont il avait à redouter une opposition énergique, était-ce dans cette catégorie qu'on pouvait comprendre les femmes, les enfans, les vieillards infirmes? Qu'avait de redoutable, pour le salut public, la pieuse et inoffensive Élisabeth, enfermée dans la tour du Temple? Que pouvait-on craindre des quatorze jeunes filles de Verdun, dont la plus âgée n'avait que 18 ans? Et ce vénérable Malesherbes, qui, à l'âge de 73 ans, périt sur l'échafaud *avec tous les siens?* Et le maréchal de Mouchy, qui allait atteindre sa quatre-vingtième année? Et le maréchal de Mailly, qui était plus que nonagénaire? Et la jeune épouse de Camille Desmoulins? Et la famille entière du généreux Desilles? Et le savant chimiste Lavoisier? Et les neuf cents femmes mises à mort à Paris, dans l'espace de quatorze mois? Et cent mille autres victimes de tout âge et de tout sexe, contre lesquelles aucun grief ne s'était élevé? Était-ce donc des ennemis tellement redoutables, qu'il fallût, de toute nécessité, faire tomber leurs têtes? Si des êtres si faibles et si paisibles inspiraient des craintes au dictateur, quelle confiance avait-il donc dans les forces vitales de sa république?

Du reste, le système de Robespierre, ce système si admirable, a-t-il rien fondé de solide? Loin de consolider la république, Robespierre, par ses proscriptions étendues à toutes les classes de la société, n'a pas cessé un seul jour de provoquer la violente réaction dont il fut la première victime. Cette catastrophe était inévitable. Comment un homme politique, un homme qui avait lu les philosophes, ne se rappelait-t-il pas ce que dit Sénèque :

Quidquid excessit modum
Pendet instabili loco (1).

Quelles furent, en effet, les suites continues de la réaction provoquée par tant de crimes? Les désordres de l'anarchie; une famine générale; les massacres de Lyon et de tout le Midi; la fatale journée de vendémiaire; les exactions et les déprédations scandaleuses du Directoire; les coups d'État du 18 fructidor et du 18 brumaire; et, pour terminer cette série de calamités, le pouvoir absolu d'un conquérant. Voilà certainement toutes les conséquences du règne et de la chute de Robespierre, voilà tous les droits de cet homme à la reconnaissance nationale.

On a dit avec une apparence de raison qu'il y avait dans le comité de salut public des hommes plus cruels que Robespierre. En effet les Collot d'Herbois, les Billaud-Varennes étaient féroces par tempérament, et avec une sorte de fureur qui excluait toute dissimulation. Mais pour être plus froide, plus calculée, plus souvent couverte du voile de l'hypocrisie, la cruauté de Robespierre n'en était ni moins redoutable ni moins

(1) Tout ce qui passe les bornes ne peut être de longue durée.

odieuse. On se rappelle ce chef de brigands calabrais, que ses gens soupçonnaient d'avoir perdu l'ardeur du meurtre. *Ah! c'est ainsi que vous me jugez*, leur dit-il, *eh bien, suivez-moi : je vais tuer mon père...* Telle fut la conduite de Robespierre, lorsqu'après son discours à l'Être Suprême il se vit soupçonné de modérantisme ; il se hâta pour lors d'appuyer la loi du 22 prairial, l'une des plus atroces et des plus infernales que le jacobinisme pût imaginer. Il est bon de dire que ce décret, détruisant toutes les formes légales, refusait des défenseurs aux accusés, et déclarait que la conscience des juges n'avait nul besoin d'être éclairée par des preuves, pour prononcer des peines capitales. La procédure criminelle, suivant Robespierre, ne pouvait être trop expéditive. Dieu voulut bientôt lui faire reconnaître par lui-même les conséquences d'une pareille loi.

Quelques sophistes d'une nouvelle école, tout en convenant que le gouvernement révolutionnaire fit beaucoup de victimes et de victimes innocentes, prétendent que ces immolations étaient justifiées par les circonstances et par une impérieuse nécessité. Ne jugeons pas, disent-ils, les grandes révolutions par le détail des faits secondaires : jugeons leur but et leur résultat. Il faut convenir que ces publicistes font bon marché de la vie des hommes. Que de stoïcisme il leur faut, pour traiter ainsi de *détails secondaires* et insignifians les massacres, les supplices et les noyades, qui enlevèrent à notre malheureux pays plus de six cent mille individus ! La postérité ne passe pas si légèrement condamnation sur les proscriptions des Tibère, des Octave et des Caligula, et l'on est encore loin de pardonner à Charles IX les *détails* sanglans de la Saint-Barthélemy, dont on ne prononcera jamais le nom qu'avec une invincible horreur !

La liberté est sans doute un bien précieux, mais les massacres juridiques de 93 nous la donnaient-ils ? ils n'ont fait que l'anéantir.

Vous paraissez croire que Robespierre, sévère ami de la morale, haïssait principalement dans Louvet, dont il demandait la tête, l'auteur du *Chevalier de Faublas*, roman qui peignait de mauvaises mœurs et *popularisait le vice*. Ce roman était, je l'avoue, beaucoup moins moral que spirituel et divertissant ; mais comment, avec sa grande rigidité de principes, Robespierre s'était-il si étroitement attaché Saint-Just, auteur de deux poèmes tellement indécens, qu'ils avaient été imprimés sous le titre de *poèmes lubriques? (Organ et le nouvel Organ*, par un député à la Convention nationale.) Celui qui avait longtemps admis dans son intimité l'obscène auteur du Père Duchesne ; celui qui recevait familièrement les Fouquet-Thinville, les Hermann, les Cofinhal et l'ancien espion Hanriot; celui, enfin, qui avait porté LE-BON à la députation d'Arras, fait l'apologie du proconsul Carrier, et employé comme *observateur en chef*, l'infâme Mamin tout couvert du sang de la princesse de Lamballe, avait-il bien le droit d'afficher une si vertueuse délicatesse?

On parlait un jour à Robespierre des atrocités inouïes commises à Nantes par Carrier, et on l'exhortait à rappeler ce bourreau des Nantais; *C'est un patriote*, répondit-il en fronçant le sourcil; *il connaît ses devoirs : Nantes avait besoin d'un tel homme*. Il usa, un autre jour, du même laconisme envers le conventionnel Meillan, qui lui dénonçait tous les vols du révolutionnaire Desfieux. «Malheur à ceux qui accusent les patriotes,» répondit le tyran ; et dès ce moment l'honnête Meillan commença à trembler pour lui-même.

« Il faut que Louis meure pour que la patrie

vive, » s'écriait Robespierre avant la condamnation de ce monarque. C'était à la fois une vaine antithèse et un détestable sophisme. Le glaive qui tue un roi est loin de tuer la royauté. Le supplice de Charles Ier et celui de Louis XVI ont-ils empêché Charles II et Louis XVIII de remonter sur le trône de leurs pères ? En admettant d'ailleurs ce faux principe qu'en politique la fin justifie les moyens, on serait encore forcé de convenir que la fin de Robespierre ne justifie en rien ses actions. Loin de confirmer ses calculs, sa chute prouve incontestablement l'impéritie de ce proscripteur, assez aveugle pour ne pas prévoir le châtiment inévitable de ses proscriptions.

Robespierre, qui affectait une sorte d'adoration pour Jean-Jacques Rousseau, oubliait-il les paroles mémorables de ce philosophe républicain :

« Quel bien vaut la peine d'être acheté du
« sang de nos frères ; la liberté même serait trop
« chère à ce prix ? »

Était-ce donc ainsi que pensait l'homme impitoyable, dont on a si bien fait l'épitaphe :

« Passant, ne pleure pas son sort,
« Car s'il vivait, tu serais mort. »

Le succès de nos armées à cette époque fut glorieux sans doute, mais était-ce bien Robespierre qui organisait alors la victoire ? Chacun sait qu'il lui eût été impossible de concevoir et même d'apprécier un plan de campagne. Carnot dirigeait seul les opérations militaires, et ce fut précisément par cette spécialité, presque exclusive, qu'il excitait au plus haut degré la jalousie du dictateur, jalousie dont Carnot allait tomber victime sans la révolution du 9 thermidor.

Remarquons, en outre, que les étrangers ne furent totalement chassés de notre territoire qu'après la mort de Robespierre, à qui l'on veut attribuer gratuitement l'honneur de cette délivrance.

Ce n'est pas que je veuille nier le genre d'habileté de cet homme. Spécialement chargé de la police générale, et en rapport journalier avec le tribunal révolutionnaire, il avait su se composer une nombreuse troupe d'agens serviles entièrement à sa dévotion. Jamais peut-être on n'avait si puissamment organisé l'espionnage dans toutes les parties de la France. La délation érigée en vertu et payée chèrement, était alors si générale, que Robespierre savait à point nommé tout ce que faisaient et disaient ses collègues dans leurs réunions les plus secrètes. Il n'y avait pas dans Paris une société composée de trois personnes, où il ne se fût glissé un délateur. Toutes les maisons d'arrêt recélaient, parmi les prisonniers, un certain nombre de traîtres appelés *moutons*, qui, chaque soir, adressaient leurs rapports au cabinet de Robespierre, sous les toits du pavillon de Flore; muni de ces renseignemens vrais ou calomnieux, il s'empressait de désigner à Fouquier-Thinville les 40 ou 60 détenus dont il voulait faire tomber les têtes.

La raideur de son maintien, la gravité de ses paroles, son air taciturne et méditatif, lui prêtaient l'apparence d'une conception profonde. Son goût pour le beau linge et le soin qu'il prenait de ses habits, faisaient dire que comme il avait les instincts du tigre il en avait la propreté. A force de travail et d'habitude, il s'était formé une élocution facile qui ne manquait pas de tours oratoires. Bien que dans plusieurs circonstances son style fût entortillé et même énigmatique, ce qui dénotait en lui une foule d'arrière-pensées, il s'était placé dans la Convention au second rang des orateurs, fort au-dessous, il est vrai, de Vergniaud, de Danton et même de Saint-Just, dont la coopération lui fut si souvent utile, mais aussi fort au-dessus de ses autres collègues.

Il faut en outre reconnaître que hors les cas de périls imminens, il avait le talent de se posséder, ce qui lui donnait de grands avantages sur la plupart de ses adversaires. S'il manquait de cette éloquence brûlante et expansive qui provient de l'âme, il y suppléait par un emploi intelligent des lieux communs de morale et de philosophie, qui sont toujours en possession de plaire à la multitude. Il parlait sans cesse et à tout propos de sa vertu, de son patriotisme et de son amour pour le peuple, dont il excitait constamment les mauvaises passions, et je lui dois la justice de dire que si ses idées s'accordaient presque toujours avec celles de l'ignoble Marat, il savait du moins les revêtir d'un style passablement noble et soutenu. Ce fut par exemple une grande image que celle dont il se servit pour accuser les girondins : *je demande*, dit-il, *un rempart de têtes entre la nation et ses ennemis;* j'avoue que cette éloquence serait admirable... dans la bouche d'un anthropophage.

Voilà, ce me semble, tout ce qu'on pouvait trouver à louer dans le personnage, si orgueilleux et si menaçant quand ses collègues tremblaient devant lui, si craintif et si décontenancé quand l'opposition se montrait sérieusement rétive.

Convenez, Monsieur, que ces qualités ne constituaient ni un grand homme d'État, ni un homme à principes sûrs, ni un personnage vertueux, ni un ami de la liberté. Comment donc espère-t-on réhabiliter la mémoire de ce tyran farouche qui, suivant l'expression de Racine :

« . . . . Courait de crime en crime,
« Soutenant ses rigueurs par d'autres cruautés
« Et lavant dans le sang ses bras ensanglantés? »

Je sais très bien, Monsieur, que vous êtes loin d'avoir, dans le fond, pour Robespierre, l'aveugle admiration qu'il inspire à ceux des communistes qui prêchent la légitimité du vol et de l'incendie, en haine de la propriété; vous reconnaissez loyalement l'abus qu'il fit de son pouvoir dictatorial; vous versez des larmes sincères, et même vous répandez des fleurs sur la tombe de ses victimes; en un mot on ne peut suspecter, et je parle ici avec conviction, ni la bonté de votre cœur, ni la pureté de vos sentimens; mais avez-vous suffisamment réfléchi au parti que les ennemis de l'ordre social peuvent tirer de vos singulières opinions, sur le caractère politique d'un homme qui a décimé la France sans aucun fruit pour le bonheur du peuple français.

Robespierre, selon vous, aimait ardemment la liberté : Vous vous élevez contre le décret arbitraire qui l'a fait périr sans jugement, comme il en avait fait périr tant d'autres, et vous semblez croire avec regret qu'en faisant rouler sur des cadavres le char de la terreur, il n'envisageait que le salut du peuple. C'est là, Monsieur, ce que je nie formellement et ce que démentent, vous seul excepté, tous les historiens. On prétend, je le sais, qu'un grand dignitaire de l'empire, ex-conventionnel, dit un jour, en parlant de Robespierre et des événemens du 9 thermidor : *C'est un procès jugé, mais non plaidé.* Cette anecdote n'a rien d'authentique ; mais, fût-elle vraie, que prouverait-elle ? Nous savons tous que l'ex-conventionnel dont il s'agit, homme de mœurs douces, mais effrayé par la mort des Girondins, s'était humblement soumis à l'influence de Robespierre, et qu'il ne pouvait plus sans inconséquence, accuser la mémoire d'un homme dont il avait obtenu la protection. (Voir le discours qu'il prononça le 10 mars 1793, pour faire décréter l'organisation d'un tribunal révolutionnaire.)

Ce qui vous paraît distinguer Robespierre de ses rivaux en popularité, c'est que ceux-ci n'étaient que des révolutionnaires sans vues profondes et sans conviction, tandis que lui seul avait des principes. *Il y a,* dites-vous, *un dessein dans sa vie, et ce dessein est grand ; il y a une action, et cette action est méritoire; il y a un mobile, et ce mobile est divin.* L'événement nous a fait voir, heureusement pour nous, que son grand *dessein* était impraticable, qu'une ambition insatiable était son principal *mobile*, et, enfin, que son *action* si *méritoire* consistait uniquement dans l'action de la guillotine. Quant à cette sûreté de principes dont vous lui faites si libéralement honneur, les idées de clémence et d'humanité qu'il exprimait dans son intérieur, deux jours avant le décret qu'il fit rendre pour décupler le nombre des victimes, sembleraient prouver, contre votre opinion, que ses principes n'étaient ni inflexibles, ni supérieurs aux circonstances. Mais je ne puis croire aux réflexions tristes et sentimentales que Robespierre faisait, suivant vous, au coin du foyer domestique. Il ne pouvait être à la fois si compatissant et si sanguinaire ; et, faute de renseignemens authentiques sur ce qu'il pouvait dire à huis clos, je le juge, comme tous ses contemporains, sur l'odieuse portée de ses discours publics; ils sont gravés dans ma mémoire en caractères ineffaçables.

M. Thiers, qui certes est loin de traiter avec une extrême rigueur les hommes de la révolution, représente Robespierre sous les traits d'un homme sans pitié, sans courage, qui se cachait aux jours du danger et revenait se faire adorer après la victoire. L'Anglais Aikin, continuateur de Hume et de Smolett, ne parle de Robespierre que comme d'un monstre. « L'année de sa dic-
« tature, dit-il, fut un siècle de crimes. L'his-
« toire dira qu'un jongleur, sans nom, sans ta-
« lent, sans courage et sans âme, opprimait la
« France pendant qu'un million de soldats fran-
« çais faisaient trembler l'Europe. » Enfin, si nous consultons les écrits de MM. Ch. de Lacretelle, de Ségur, Michaud aîné, Achille Roche, Mignet, de Cormenin et autres, dont les couleurs politiques sont loin d'être pareilles, nous y trouverons le même jugement, en termes divers, sur *le plus effrayant des proscripteurs* (1). Que peuvent, contre de si éclatans témoignages, les dénégations

(1) Expression de M. de Lacretelle.

tardives et isolées d'un seul écrivain, quels que soient d'ailleurs la richesse de son imagination et l'éclat de son coloris ?

Quant aux Girondins, qui étaient des ambitieux et des utopistes, dont l'admirable éloquence ne justifiait pas les erreurs, je ne prendrai pas leur défense : vous les avez trop bien jugés ; convenez seulement qu'ils n'égalaient pas tout à fait en cruauté le parti qui les a égorgés, et que si leurs projets étaient aussi chimériques que ceux de Robespierre, on ne pouvait pas du moins en attendre d'aussi affligeans résultats.

Je ne puis vous le dissimuler, monsieur, toute la partie de votre bel ouvrage où vous paraissez croire avec douleur que pour maintenir la république, il fallait faire une abnégation totale de justice et d'humanité, toute cette partie, dis-je, trouve dans le monde un grand nombre d'incrédules et de contradicteurs. D'abord parce que l'injustice et la cruauté ne furent jamais ni une vertu politique, ni un moyen de consolidation ; en outre, parce que des faits incontestables, prouvent que ce système de cruauté si rigoureusement mis en pratique par la Convention, ne procura ni une longue existence à la république, ni un seul jour de bonheur au peuple français : plus de commerce, plus d'industrie, plus de travaux artistiques, plus de pain même pour la majeure partie de la nation livrée aux horreurs de la famine : tous les genres de malheurs, TOUS SANS EXCEPTION, pesèrent à la fois sur la France, tant qu'elle demeura courbée sous le joug ignoble de la terreur.

Quoique, par une réticence de bon goût, vous ne vous prononciez pas d'une manière tranchante sur la nature des institutions qui conviennent le mieux aux Français, vous ne laissez pas de faire, pour l'avenir, des réserves significatives. Ces sous-entendus seraient inquiétans pour les amis de notre Charte constitutionnelle, s'il ne leur était pas démontré que le gouvernement représentatif, tel que nous l'avons aujourd'hui, est le seul qui concilie tous les intérêts et soit capable de durée. Je m'abstiendrai, néanmoins, de discuter cette question, que je crois au moins prématurée, il me suffira de vous faire observer qu'avant d'établir une république, il faudrait nous former des mœurs républicaines, condition qui équivaut, suivant moi, à un ajournement indéfini.

Daignez me pardonner, Monsieur, si j'ai mis peu d'ordre dans cette lettre, où vous remarquerez sans doute quelques répétitions; je me suis cru obligé de revenir, à plusieurs reprises, sur des vérités qu'on ne saurait rendre trop sensibles; mon unique but, en prenant la plume, a été de faire passer dans l'esprit d'un grand écrivain, pour qui je professe la plus haute estime, mes plus intimes convictions. Elles sont, j'ose le dire, celles de toute la génération dont je fais encore partie, c'est-à-dire de celle qui a malheureusement assisté aux drames tragiques de 1793. Hélas, oui, monsieur, je suis assez vieux pour avoir vu Robespierre; je l'ai vu et observé de près, et je me crois, en conscience, obligé de vous certifier que les peintures les plus effrayantes de sa tyrannie, dussent-elles vous paraître empreintes d'exagération, sont fort au-dessous de la vérité.

Puissiez-vous, monsieur, puissent nos enfans ne jamais voir le retour d'un pareil fléau!

FABIEN PILLET,
septuagénaire.

POST-SCRIPTUM.

Permettez-moi, maintenant, monsieur, de reprendre la plume pour vous indiquer encore quelques erreurs de fait qui déparent votre histoire des Girondins ; je ne parlerai pas de celles qui ont déjà été relevées dans quelques journaux.

Jetez les yeux sur votre premier volume, vous y lirez cette courte phrase :

« Il n'y avait qu'un siècle qu'un *empereur* « *d'Autriche* avait accordé le titre de roi à un « margrave de Prusse. »

Observez, je vous prie, qu'à l'époque où la Prusse fut érigée en royaume, c'est-à-dire en 1701, il n'y avait pas *d'empereur d'Autriche*. Ce titre ne date que de l'année 1806.

Suivant vous, la reine de France, Marie-Antoinette, « était un de ces enfans que Marie-Thé-
« rèse tenait par la main quand elle se présenta
« en suppliante devant les fidèles Hongrois, et
« que ces troupes s'écrièrent : Mourons pour
« notre roi Marie-Thérèse. » Consultez l'histoire et vous verrez que Marie-Antoinette, née en 1755, ne pouvait pas figurer en 1741 dans la scène que vous décrivez avec le charme le plus touchant.

Vous savez mieux que personne sans doute que ce vers passé en proverbe,

« Le crime fait la honte et non pas l'échafaud... »

est tiré de la tragédie du *Comte d'Essex*, l'un des moins faibles ouvrages de Thomas Corneille ; par quelle inadvertance l'attribuez-vous à l'illustre auteur du *Cid* et de *Cinna*?

Vous dites aussi, (tome 1er, pag. 244), que *Bordeaux était le pays de Montaigne et de Montesquieu*. La vérité est que ni Montesquieu ni Montaigne n'étaient nés dans cette ville. Le célèbre auteur des *Essais* était venu au monde au château de Montaigne dans le Périgord, et Montesquieu, au château de Labrède à quatre lieues et demie de Bordeaux.

Même erreur à l'égard de Voltaire, que vous faites *naître dans une rue obscure du vieux Paris*, et qui naquit à Châtenay, village situé entre Sceaux et Verrières.

Habile à faire des portraits, vous nous tracez celui de la trop fameuse comtesse du Barry, que j'ai vue plus d'une fois dans ma jeunesse ; mais cette malheureuse femme était blonde, et je crois me rappeler que vous la représentez brune. N'auriez-vous encore cette fois fait qu'un portrait de fantaisie?

Vous nous représentez aussi d'une manière très pittoresque la hideuse tête de Marat ; mais, craignant ensuite de l'avoir trop enlaidie, vous ajoutez que cette figure *vue de près et éclairée d'en haut, avait de l'éclat et de la force*. Ce qu'il y a de certain, c'est que, vue de près ou de loin, d'en haut ou d'en bas, dans la demi-teinte ou dans la lumière, elle était également ignoble et repoussante.

En racontant, comme vous racontez toujours, avec un admirable talent, les efforts que firent, en 1793, les nommés Toulan et Lepitre, pour délivrer les prisonniers du Temple, vous avancez le fait suivant :

« Toulan, Lepitre et leurs complices, dénoncés par la femme Tison, *furent suppliciés.* » Non, monsieur, Lepitre ne fut pas supplicié. S'étant soustrait, comme par miracle, à la fureur des révolutionnaires, il vécut jusqu'au mois de janvier 1821, c'est-à-dire dix-huit ans après l'époque de son généreux complot. Chef d'une institution florissante, Lepitre céda cet établissement en 1816, et devint professeur de rhétorique au collège royal de Versailles où il demeura jusqu'à sa mort.

Les dangers que Desprémenil courut le 17 juillet 1792, sont racontés avec une chaleur de style extrêmement remarquable, dans votre histoire des Girondins, mais ils ne le sont pas d'une manière parfaitement exacte. Ce ne fut pas au poste du Palais-Royal qu'il fut entraîné par les gardes nationaux qui le dérobèrent à la fureur de la populace, ce fut au poste du Trésor royal, rue Neuve-des-Petits-Champs, au coin de la rue

Vivienne. Ici je parle *de visu* : le poste du Palais-Royal avait fait de vains efforts pour protéger cet ancien député. Les brigands qui l'avaient déjà criblé de blessures allaient l'achever dans le jardin, quand trois gardes nationaux, le sabre en main, s'élancèrent comme pour le tuer, et, à la grande surprise des assassins, l'entraînèrent par le passage du Perron, au Trésor royal, dont les portes se fermèrent aussitôt derrière lui. Ce fut dans cet asile que Desprémenil, couvert de sang, reçut la visite de Pethion, et lui adressa ces mémorables paroles : *Comme vous, monsieur, je fus l'idole du peuple!*

En parlant du nommé Ladmiral qui voulut tuer Collot d'Herbois après avoir vainement cherché Robespierre, vous dites qu'une destinée vulgaire le *ballottait dans sa misère,* et vous faites de lui un *aventurier,* arrivé depuis peu à Paris. Cet homme, lourd et trapu, qu'un hasard m'avait fait connaître, occupait à la loterie une place de garçon de caisse, et était estimé de ses chefs, qui redoutaient seulement pour eux et pour lui l'exaltation de ses sentimens. J'étais étonné de trouver en lui beaucoup plus d'esprit et d'instruction qu'on ne lui en aurait supposé ; et, en l'entendant parler avec enthousiasme de Charlotte Corday, je n'étais pas éloigné de prévoir qu'il suivrait un jour l'exemple de cette nouvelle Judith.

Il fréquentait un café situé au coin des rues Saint-Roch et des Petits-Champs, et il s'y exprimait tout haut avec une hardiesse dont ses auditeurs étaient effrayés.

Je vois, au tome V, page 369, que *Bourdon de l'Oise* prêchant à Orléans la doctrine de Robespierre, fut maltraité par des habitans de cette ville, et reçut *vingt coups de baïonnette*. Ici, monsieur, vous vous êtes trompé de nom. Ce ne fut par *Bourdon de l'Oise*, mais *Léonard Bourdon*, autre conventionnel, qui fut l'objet de cette violence, et je ne puis me dispenser d'ajouter que, loin d'avoir reçu vingt coups de baïonnette, ce dernier put à peine montrer une légère égratignure, ce qui ne l'empêcha pas d'envoyer à l'échafaud neuf malheureux pères de famille, comme coupables d'INJURES *faites à un représentant du peuple.*

Suivant ce que vous dites de Barnave (1er vol., page 47), ce célèbre orateur n'était qu'un rhé-

teur, *studieux, mais sans idées*; un homme *disert*, mais *sans chaleur*, à qui l'on ne pouvait trouver qu'une *intelligence moyenne*. Je n'ai point qualité, monsieur, pour appeler de ce jugement. Mais vous vous chargez vous-même de le démentir en disant, quelques lignes plus loin :
« Jusque-là Barnave *n'avait été qu'éloquent*, ce
« jour-là (24 juin 1791) il se montra *sensible*,
« en s'écriant avec *un mouvement sublime* : Fran-
« çais, nation de braves, voulez-vous donc deve-
« nir un peuple d'assassins ! » Ainsi voilà un homme *disert, sans chaleur, sans idées*, et presque *sans intelligence*, qui devient tout à coup *plus qu'éloquent*, et dont l'éloquence a même un *mouvement sublime!!* Convenez que ce rapprochement fait ressortir une singulière contradiction !

Vous faites un juste éloge de MM. de Valory, Dumoutier et Maldan, gardes du corps, qui, durant le voyage de Varennes, donnèrent à la famille royale une admirable preuve de dévouement. Mais vous dites que ces trois noms étaient *obscurs*. Le nom de Valory est historique, monsieur. Cette famille compte parmi ses ancêtres plusieurs gonfaloniers ou magistrats suprêmes de

Florence, des ambassadeurs de cette république près les premiers souverains de l'Europe, et, depuis son établissement en France, des officiers généraux, des chevaliers et des commandeurs de Malte : ce n'est point là, sans doute, de *l'obscurité.*

Qui a pu vous dire, monsieur, que le lendemain du 10 août, les femmes de Paris s'étaient parées comme pour un jour de fête? Cela n'est ni vrai, ni vraisemblable; le lendemain du 10 août, les honnêtes gens, et surtout les honnêtes femmes, se renfermaient avec terreur dans leurs maisons ou s'éloignaient de la capitale; et, parmi les misérables qui égorgeaient sans pitié, dans les rues, tous les Suisses échappés aux dangers de la veille, il n'y avait que des femmes déguenillées, justement surnommées depuis *les furies de la guillotine* (1).

Toutes ces erreurs que je me permets de relever, dans l'intérêt de la vérité, n'ont pas, je le sais, une grande importance; mais il faut avouer,

(1) Le nombre des fuyards, dans les journées sanglantes du 10 et du 11, fut si considérable, que l'Assemblée législative s'empressa de rendre un décret pour faire fermer les barrières.

monsieur, que tant de petits faits inexactement racontés, ne disposent guère le lecteur à prendre confiance dans l'histoire des faits principaux; car, ainsi que l'a dit un de nos fabulistes :

« Quand on m'a trompé sur un point,
« Je crois l'être sur tous les autres. »

www.ingramcontent.com/pod-product-compliance
Lightning Source LLC
Chambersburg PA
CBHW060945050426
42453CB00009B/1128